كيفَ أرسمُ وسائلَ النقلِ

دار جامعة حمد بن خليفة للنشر
HAMAD BIN KHALIFA UNIVERSITY PRESS

الطائرة

الخطوة 1 2 3 4

تندفع وتطير في الهواء بمساعدة المحرِّكات. اخترعها عام 1903 الأخوان رايت.

1 ارسم دائرة صغيرة ودائرة كبيرة. ثم صل الدائرتين بخطٍّ مستقيم، ثم ارسم بعض الخطوط منحنية الأطراف.

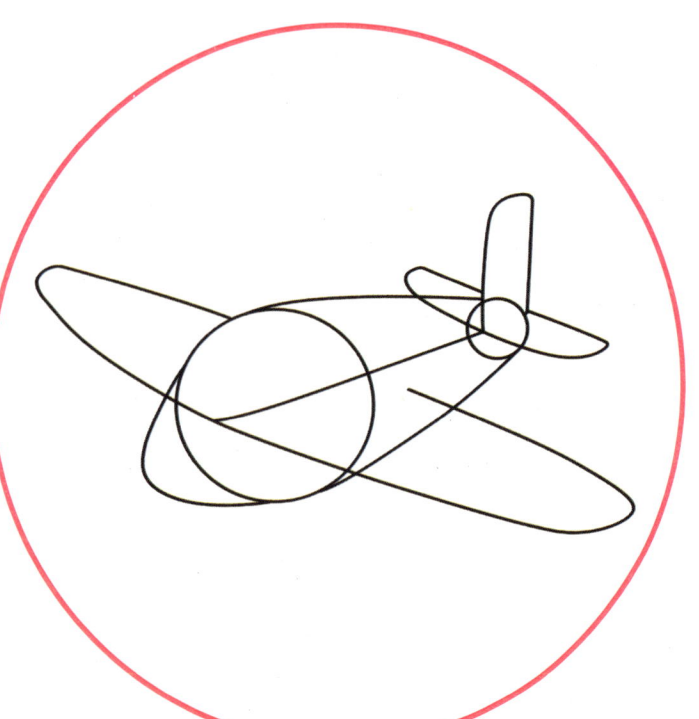

2 ارسم الخطوط التفصيلية لجسم الطائرة كما هو موضَّح.

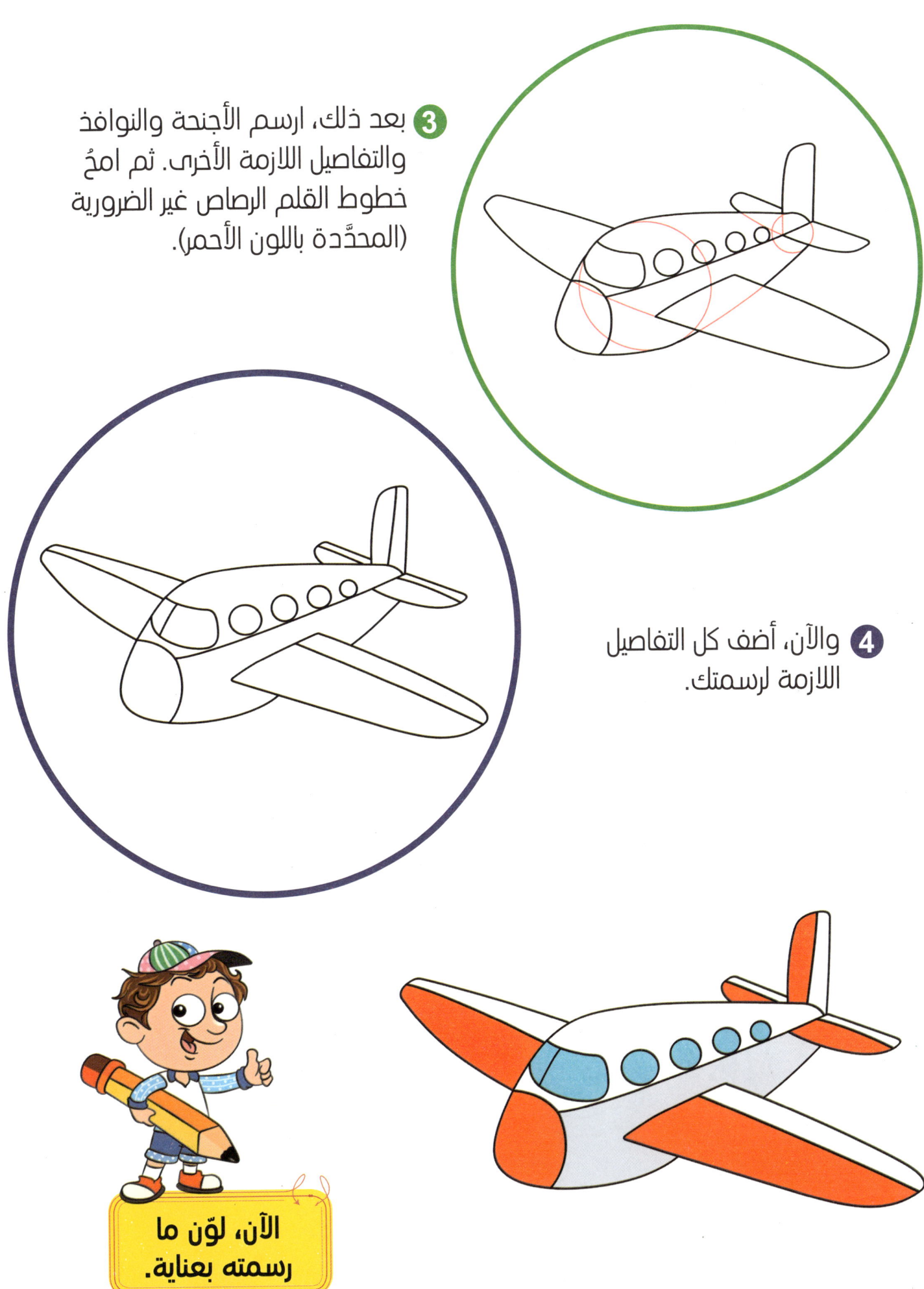

3 بعد ذلك، ارسم الأجنحة والنوافذ والتفاصيل اللازمة الأخرى. ثم امحُ خطوط القلم الرصاص غير الضرورية (المحدَّدة باللون الأحمر).

4 والآن، أضف كل التفاصيل اللازمة لرسمتك.

الآن، لوّن ما رسمته بعناية.

الدَّرَّاجة الهوائيّة

الخطوة 1 2 3 4

عام 1817، اخترع كارل دريس سويربرون أول درَّاجة هوائية، وأطلق عليها اسم "حصان الداندي".

1 ارسم دائرتين كبيرتين. ثم ارسم دائرة أصغر متداخلة مع الدائرة اليمنى. ثم ارسم خطًّا متعرِّجًا لمقود الدرَّاجة.

2 ارسم تفاصيل الدَّرَّاجة بالدوائر والإطارات لتكمل شكلها المميَّز مستعينًا بالشكل التوضيحي.

3 ارسم مقابض القيادة والمقعد وبدّالات الدرّاجة كما هو موضّح.

4 ثم امحُ خطوط القلم الرصاص غير الضرورية (باللون الأحمر).

الحافلة

الخطوة ① ② ③ ④

قام بليز باسكال باختراع أول حافلة في باريس عام 1662، وكانت عبارة عن عربة تجرُّها الخيول.

① ارسم مستطيلًا ثم خطًّا يمرُّ عبر المنتصف لرسم الإطار الخاصّ بجسم الحافلة. ثم ارسم دائرتين للعجلتين في الجزء السفلي.

② والآن ارسم بعض الخطوط لرسم النوافذ، بالإضافة إلى المصدّات الأمامية والخلفية للحافلة.

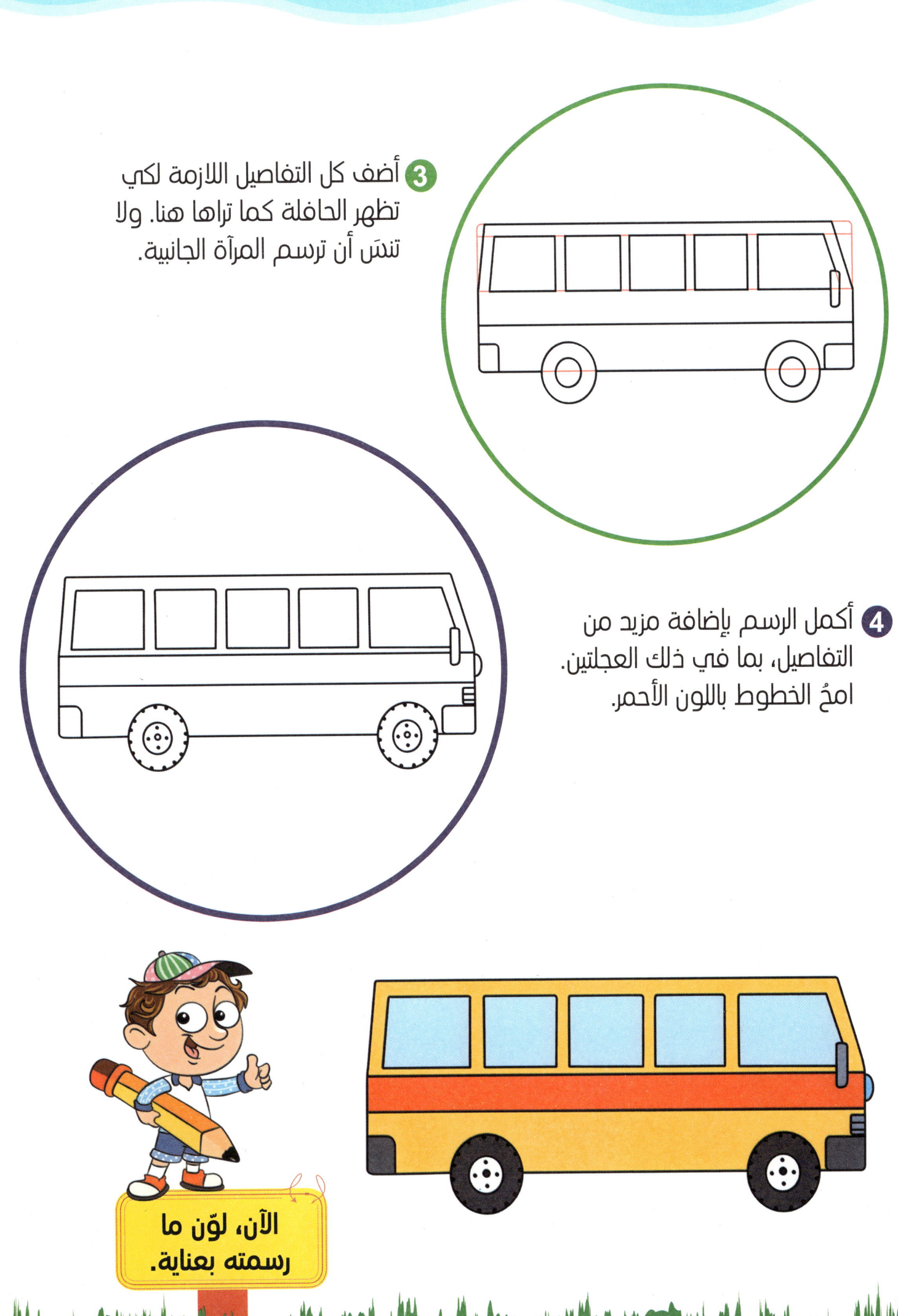

3 أضف كل التفاصيل اللازمة لكي تظهر الحافلة كما تراها هنا. ولا تنسَ أن ترسم المرآة الجانبية.

4 أكمل الرسم بإضافة مزيد من التفاصيل، بما في ذلك العجلتين. امحُ الخطوط باللون الأحمر.

الآن، لوّن ما رسمته بعناية.

المنطاد

المنطاد هو أوّل وسيلة لنقل الناس جوًّا، وقد اختُرع عام 1782.

① ابدأ برسم دائرة، ثم ارسم خطًّا طوليًّا كبيرًا في المنتصف. ثم ارسم خطًّا عرضيًّا ومستطيلًا صغيرين في الجزء السفلي.

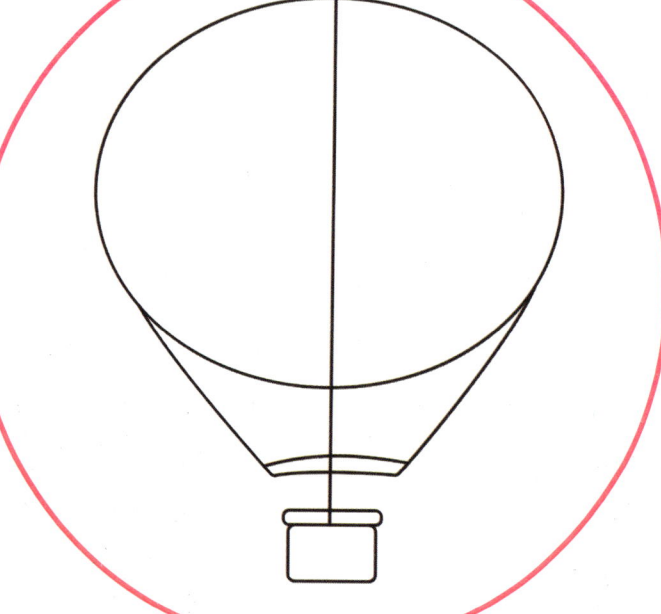

② بعد ذلك، ارسم إطار جسم المنطاد.

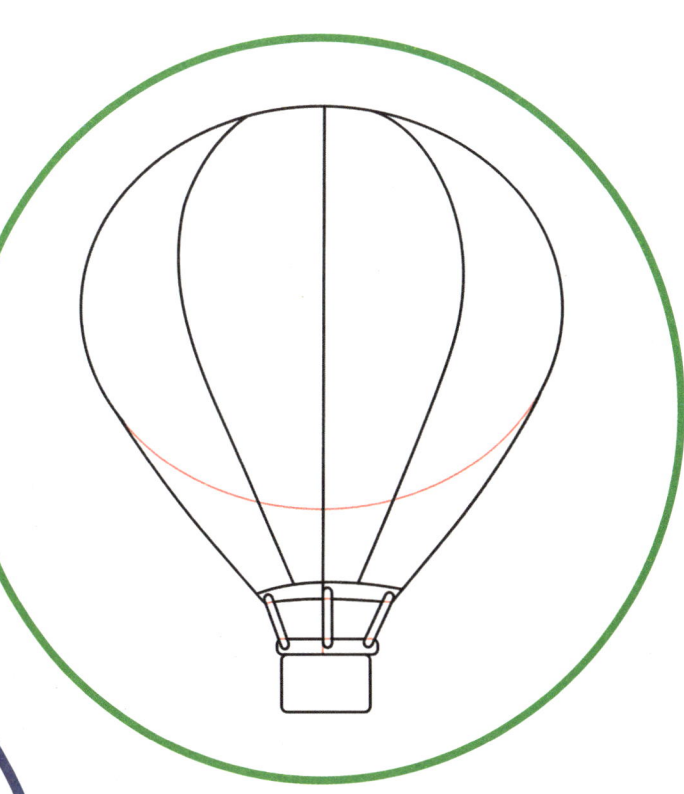

③ بالاستعانة بالشكل التوضيحي، ارسم كل التفاصيل اللازمة لإكمال رسمتك. ثم امحُ كل خطوط القلم الرصاص غير الضرورية.

④ والآن أضف بعض الخطوط المقوَّسة لتجعل المنطاد يبدو حقيقيًا. وأخيرًا، لوِّن المنطاد بألوان زاهية.

الآن، لوّن ما رسمته بعناية.

السيَّارة

الخطوة 1 2 3 4

اخترع "نيقولا جوزيف كونيو" مركبة تشبه السيَّارة في عام 1769. وكانت عبارة عن عربة تسير على ثلاث عجلات تتحرَّك بقوَّة البخار.

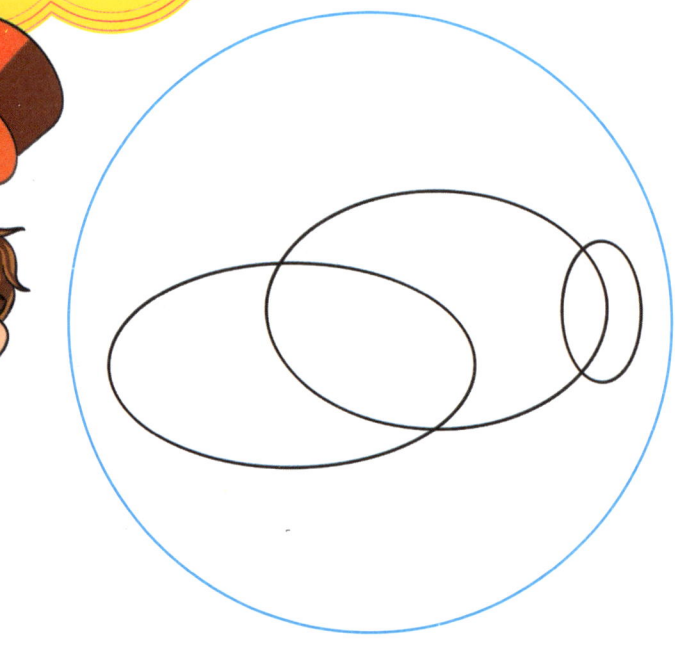

1 ارسم شكلين بيضويين كبيرين. ثم شكلًا بيضويًا بالطول يتداخل مع الشكل البيضوي الموجود جهة اليسار.

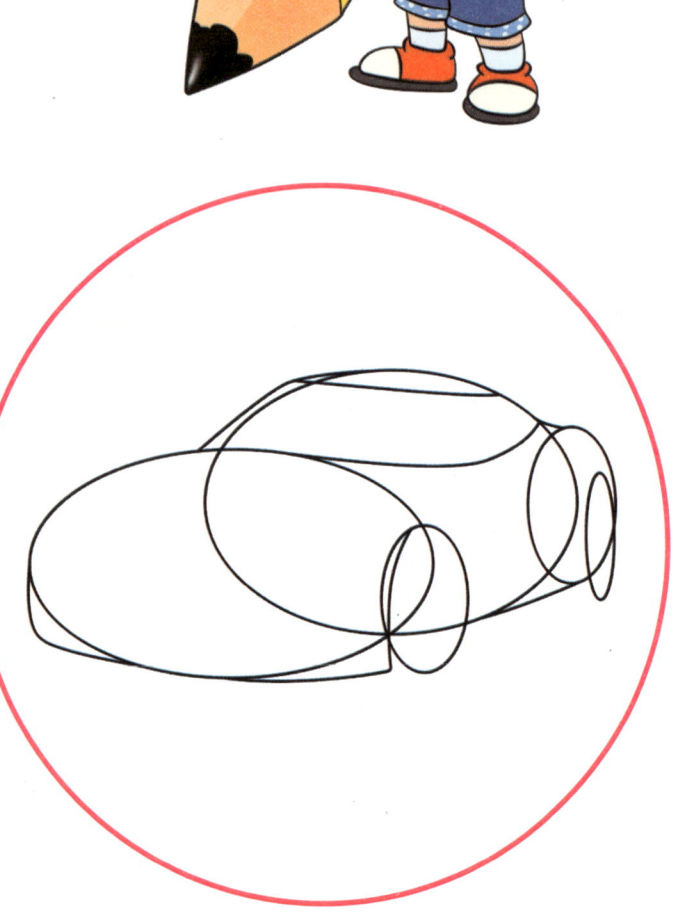

2 بعد ذلك، اضبط جسم السيَّارة مستعينًا بالأشكال البيضوية الثلاثة.

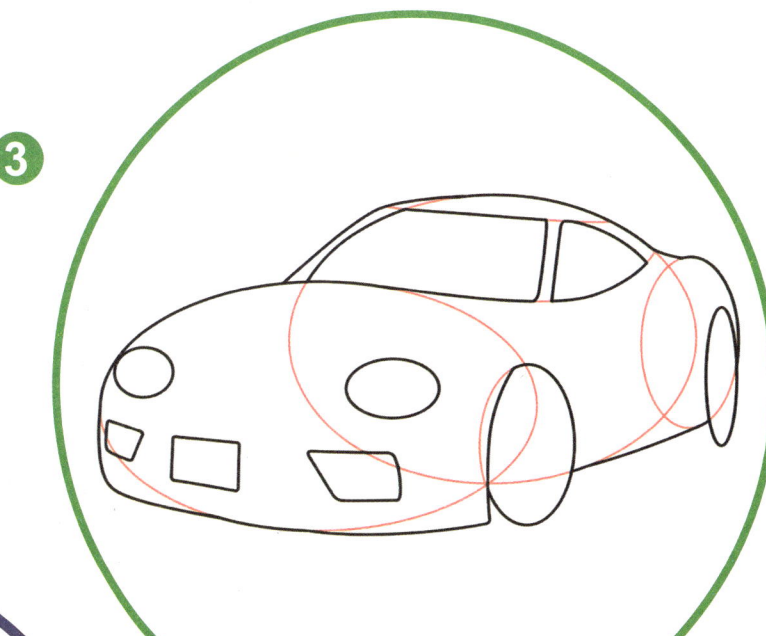

③ ارسم النوافذ وسطح السيّارة والعجلتين والمصابيح الأمامية. بعد ذلك، امحُ خطوط القلم الرصاص غير الضرورية.

④ أكمل الرسم بإضافة مزيد من التفاصيل كما هو موضح بالشكل، ثم لوّن السيّارة بألوان مناسبة.

الآن، لوّن ما رسمته بعناية.

زَلَّاقة الجليد

زَلَّاقة الجليد هي عربة بمحرِّك تسير على الجليد. لديها بدل العجلات زَلَّاجتان. اخترعها عام 1937 الكندي "جوزيف أرماند بومبارديبه".

1. ابدأ برسم شكل بيضوي كبير، ثم ارسم ما يشبه الذيل. وارسم شكلًا بيضويًا صغيرًا أعلى الشكل البيضوي الكبير. ولا تنسَ أن ترسم الزَّلَّاجتين.

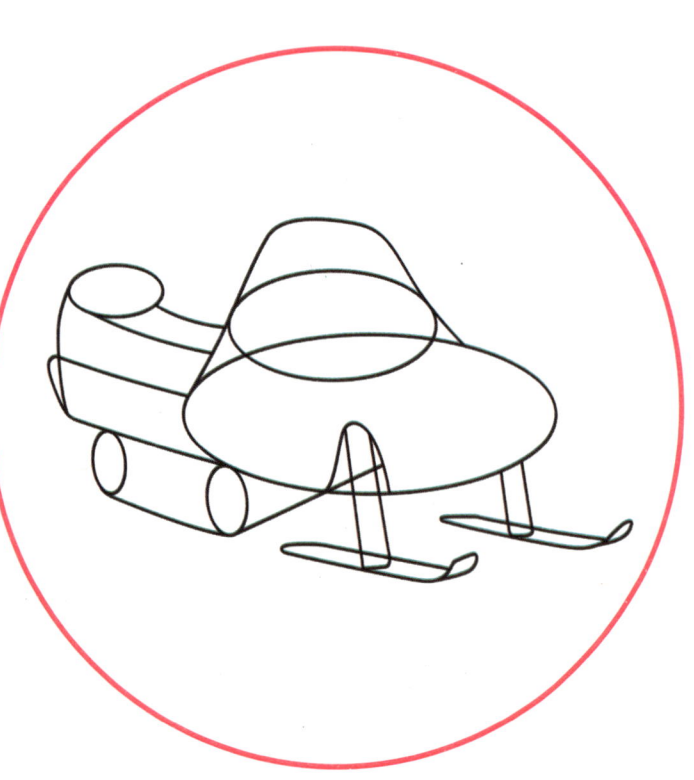

2. ارسم كل التفاصيل لجعل جسم الزَّلَّاقة كما هو موضَّح هنا.

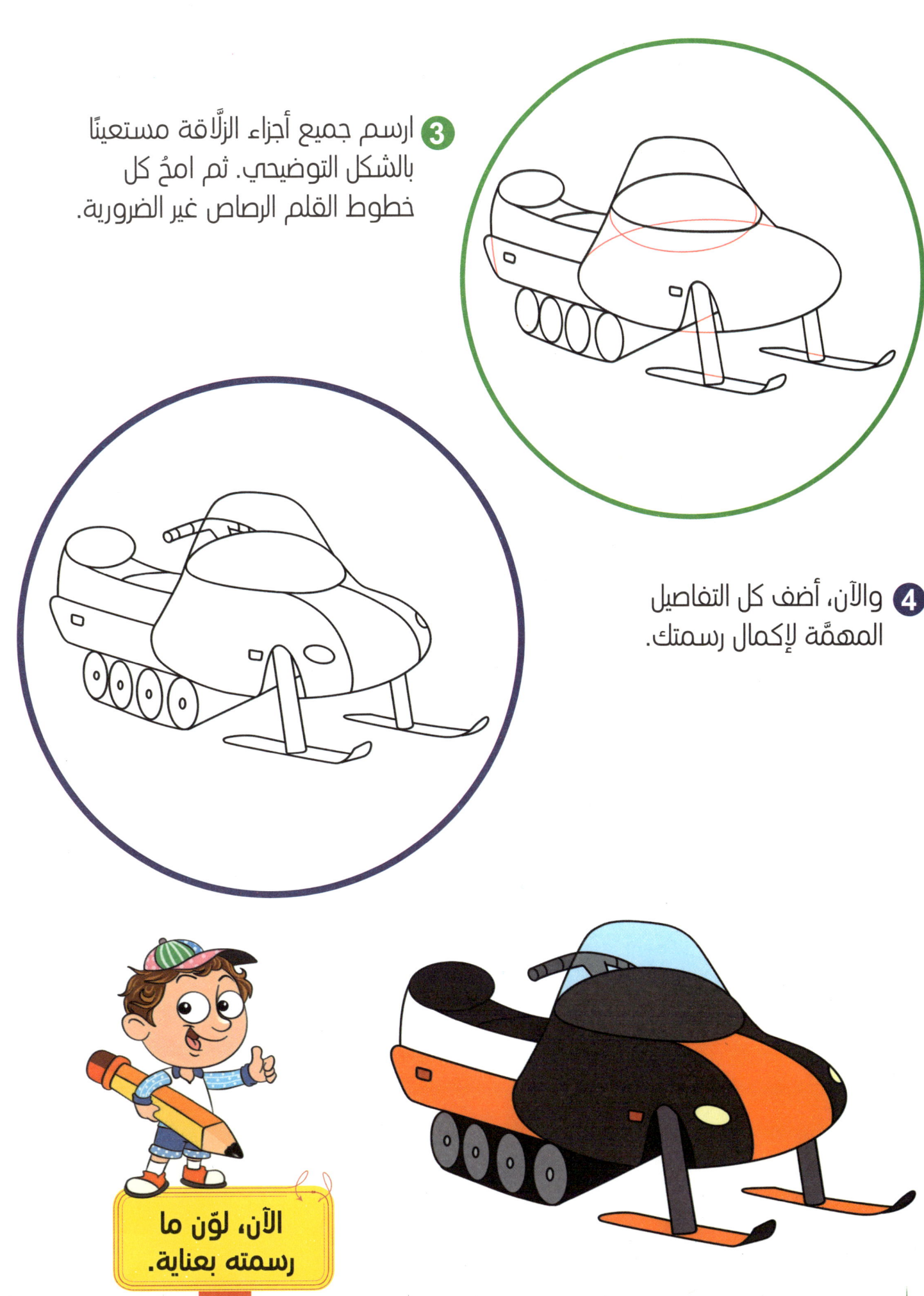

3 ارسم جميع أجزاء الزلّاقة مستعينًا بالشكل التوضيحي. ثم امحُ كل خطوط القلم الرصاص غير الضرورية.

4 والآن، أضف كل التفاصيل المهمَّة لإكمال رسمتك.

الآن، لوّن ما رسمته بعناية.

المروحية

الخطوة 1 2 3 4

يمكن أن تطير للأمام أو لأعلى وأسفل كما يمكنها أن تقف في الهواء. وقد اخترع العالم "ثيودور كارمان" والملازم "ستيفان بيتروزي" أوَّل نموذج عملي للهليكوبتر عام 1916.

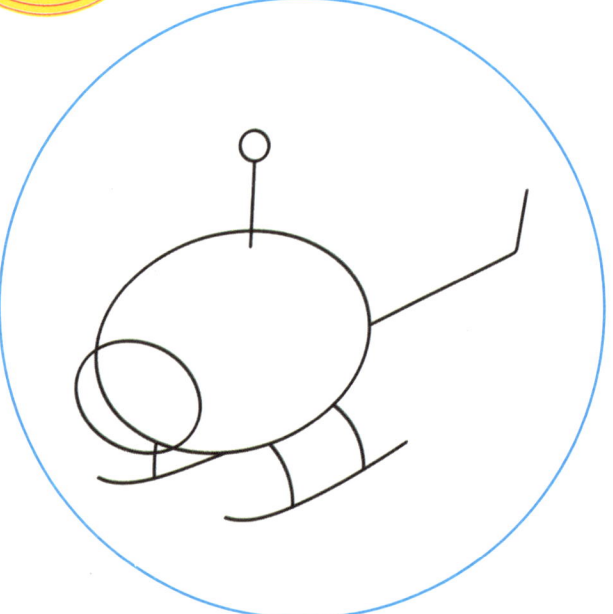

① ارسم شكلًا بيضويًا كبيرًا، وعند الزاوية ارسم شكلًا بيضويًا صغيرًا. وارسم ذيلًا وخطًّا يشبه قرن الاستشعار. ثم ارسم زلّاجتين على الجانبين.

② ثم ارسم باقي تفاصيل وخطوط إطار المروحية كما هو موضَّح هنا.

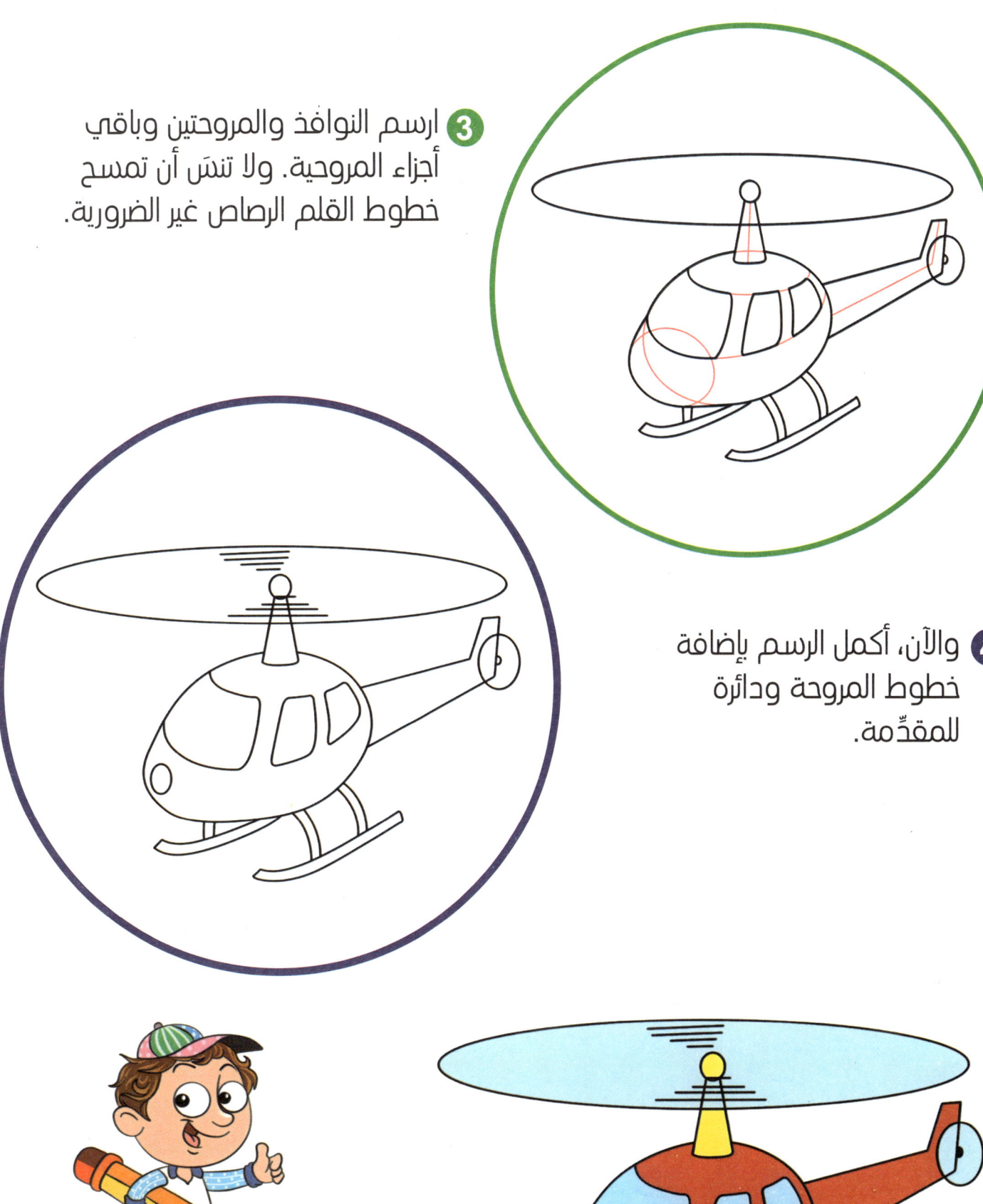

③ ارسم النوافذ والمروحتين وباقي أجزاء المروحية. ولا تنسَ أن تمسح خطوط القلم الرصاص غير الضرورية.

④ والآن، أكمل الرسم بإضافة خطوط المروحة ودائرة للمقدِّمة.

الآن، لوِّن ما رسمته بعناية.

القارب

هو أوَّل وسيلة انتقال فوق الماء. يرجع تاريخ أوَّل قارب في التاريخ إلى 8000 عام.

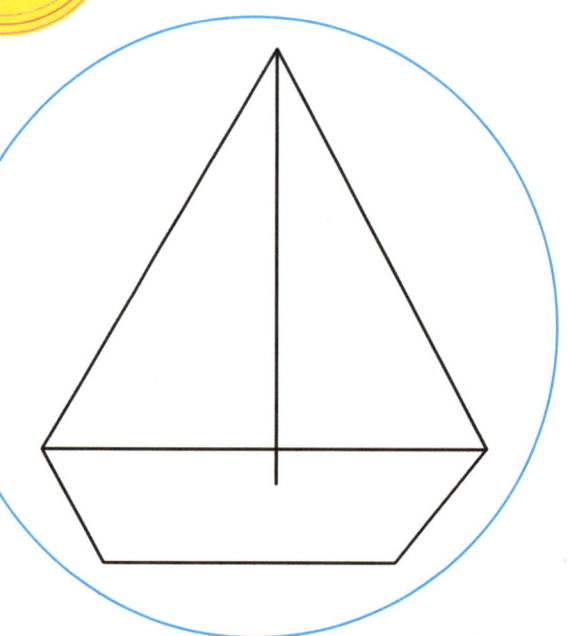

1. ارسم مثلَّثا كبيرًا يقطعه من المنتصف خطٌّ مستقيم. وارسم بعد ذلك شبه منحرف أسفل المثلَّث.

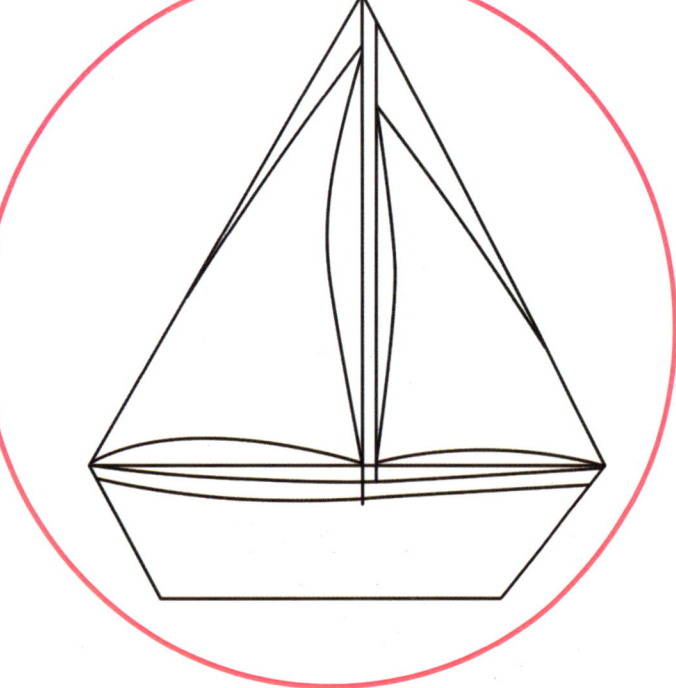

2. ارسم الخطوط الأساسية للقارب، والتي تمرُّ عبر المثلَّث وشبه المنحرف.

3 ارسم بعد ذلك الشراع وباقي تفاصيل القارب. ثم امحُ الخطوط الزائدة (باللون الأحمر).

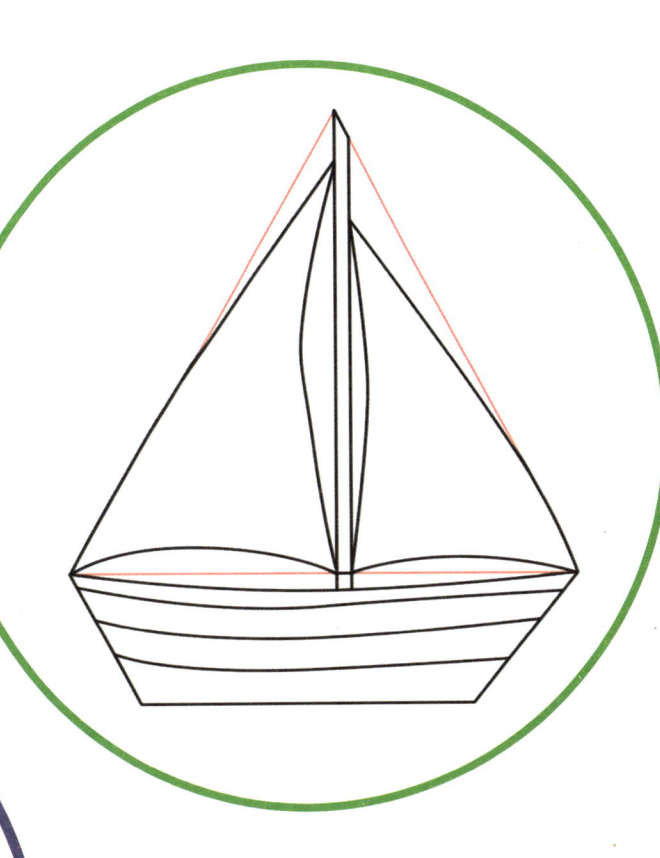

4 أضف مزيدًا من التفاصيل من خلال رسم الراية والأمواج.

الآن، لوّن ما رسمته بعناية.

الغوَّاصة

الخطوة 1 2 3 4

الغوَّاصة هي سفينة مخصَّصة للإبحار تحت الماء.
بُنيت أوَّل غوَّاصة عام 1776 على يد المخترع الأمريكي "ديفيد بوشنل".

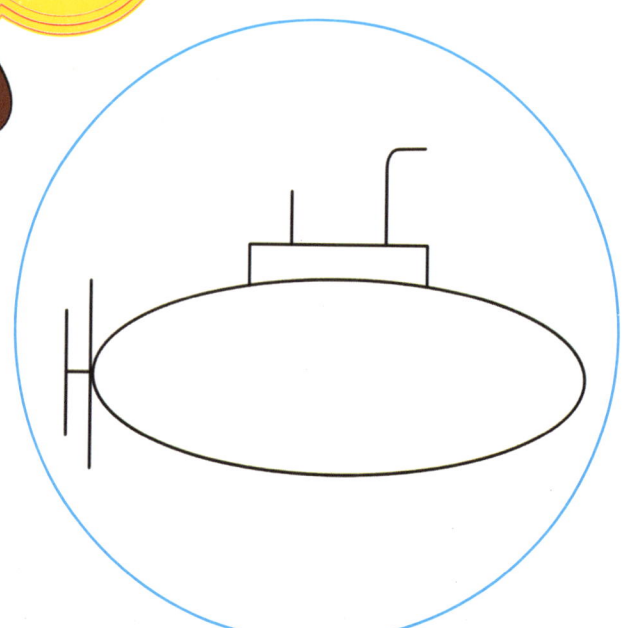

1 ابدأ برسم شكل بيضوي كأساس للغوَّاصة. بعدها ارسم الشكلين العلويين الموضحين هنا، وأضف خطوطًا إلى الجانب الأيمن من الشكل البيضوي.

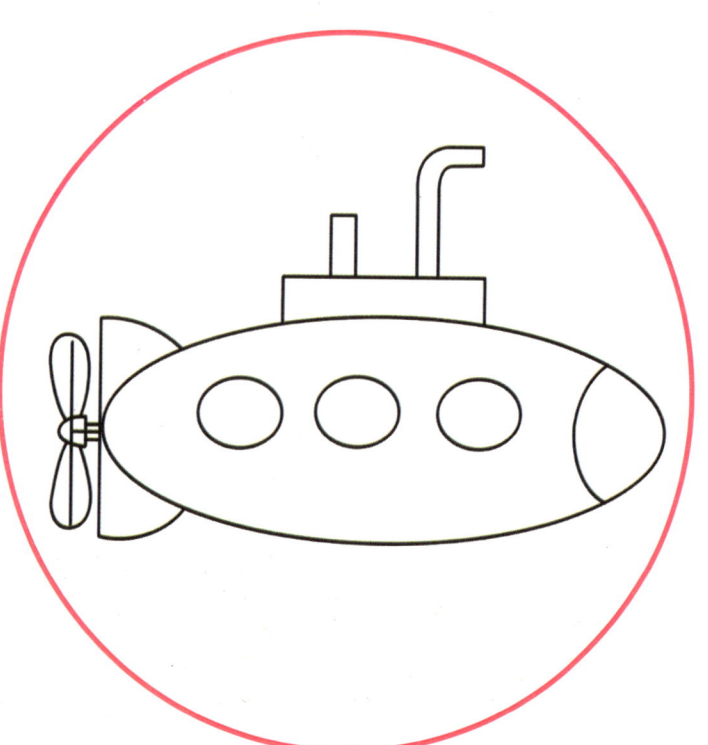

2 أكمل رسم الجزء العلوي من الغوَّاصة ثم فتحة جسم الغوَّاصة. ثم ارسم دوائر للنوافذ وشكلين بيضويين للمروحة.

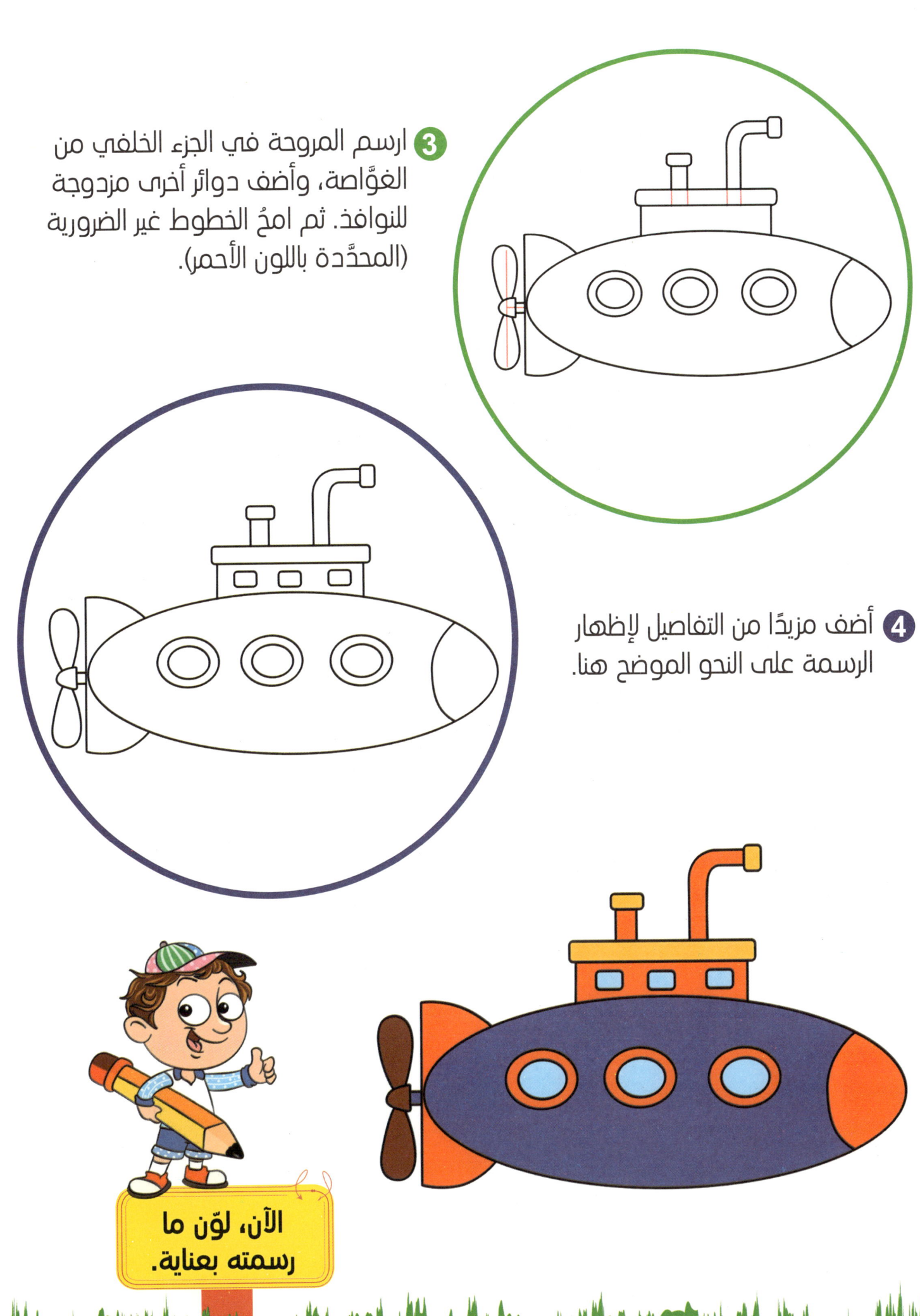

3 ارسم المروحة في الجزء الخلفي من الغوّاصة، وأضف دوائر أخرى مزدوجة للنوافذ. ثم امحُ الخطوط غير الضرورية (المحدَّدة باللون الأحمر).

4 أضف مزيدًا من التفاصيل لإظهار الرسمة على النحو الموضح هنا.

الآن، لوّن ما رسمته بعناية.

القطار البخاري

الخطوة 1 2 3 4

كانت القطارات عربات متَّصلة، تجرُّها الدواب. مطلع القرن ال 19، اخترُع محرِّك يعمل بالبخار واستُخدم في القطارات.

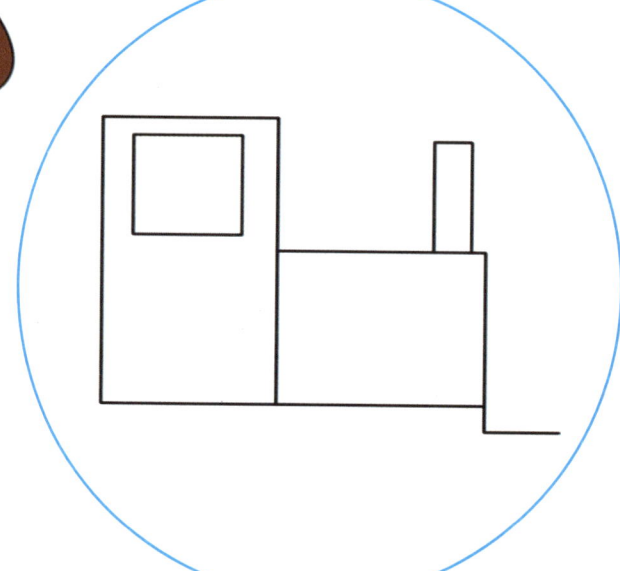

1 ارسم مستطيلين، أحدهما بالعرض والآخر بالطول. وارسم مستطيلًا آخر على المستطيل الذي رسمته بالعرض ومربَّعًا داخل المستطيل الطولي.

2 ارسم دوائر للعجلات، وأكمل رسم مصد القطار باستخدام الاشكال الأساسية، مثل المثلَّثات والمربَّعات، ثم ارسم سطح القطار.

3 كانت القطارات عربات متَّصلة، تجرُّها الدواب.
مطلع القرن الـ 19، اختُرع محرِّك يعمل بالبخار واستُخدم في القطارات.

4 أضف مزيدًا من التفاصيل لنوافذ المحرِّك. وارسم الدخان، ثم ابدأ في التلوين.

الآن، لوِّن ما رسمته بعناية.

سيَّارة الأجرة

الخطوة 1 2 3 4

بدأ استخدام أوَّل وسيلة نقل مدفوعة في باريس ولندن مطلع القرن الـ 17، وكانت عربات تجرُّها الخيول.

1 ارسم 3 مستطيلات بعضها فوق بعض، يتوسَّطها خطٌّ مستقيم.

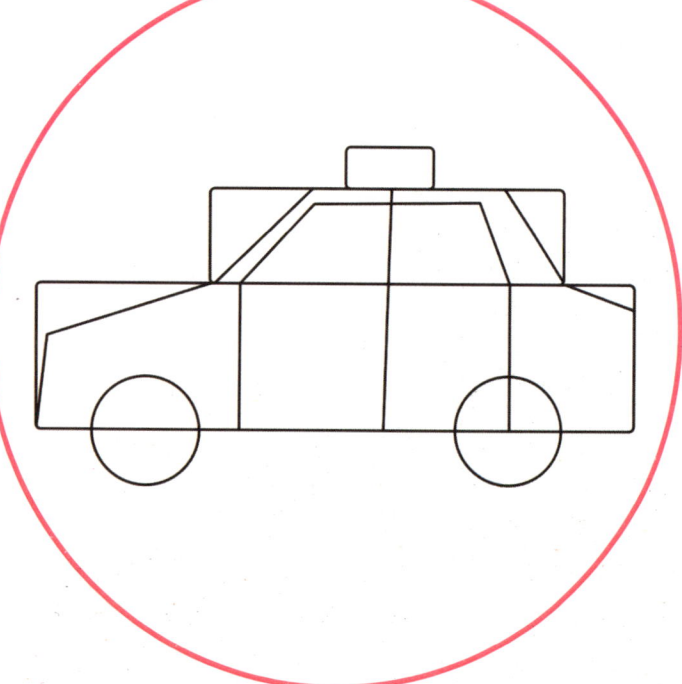

2 ارسم دائرتين وخطوطاً للعجلتين والجزء العلوي والمصدّ.

③ أكمل رسم تفاصيل النوافذ والأبواب، ولافتة التاكسي العلوية. ثم امحُ الخطوط غير الضرورية.

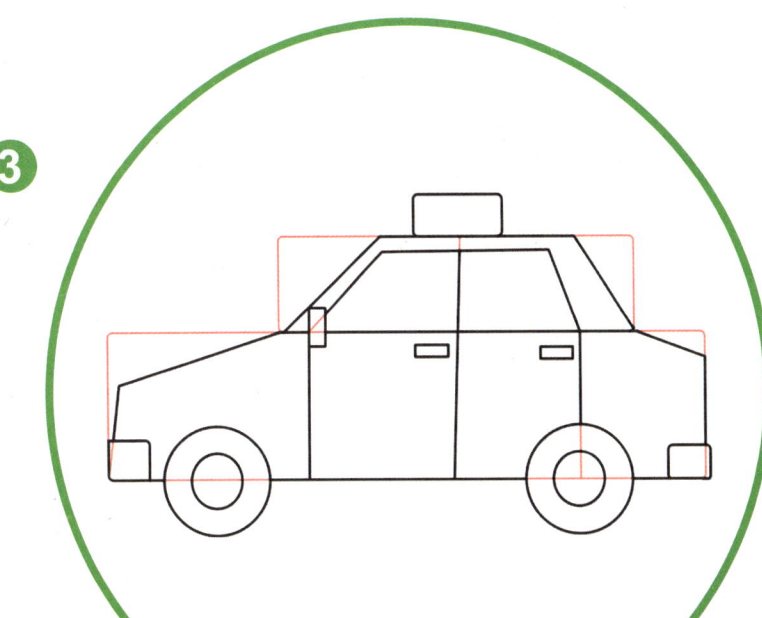

④ أضف المصباح الأمامي، ركّز على التفاصيل الصغيرة التي تجعل سيّارة الأجرة تبدو حقيقية، ثم ارسم لافتة التاكسي.

الآن، لوّن ما رسمته بعناية.

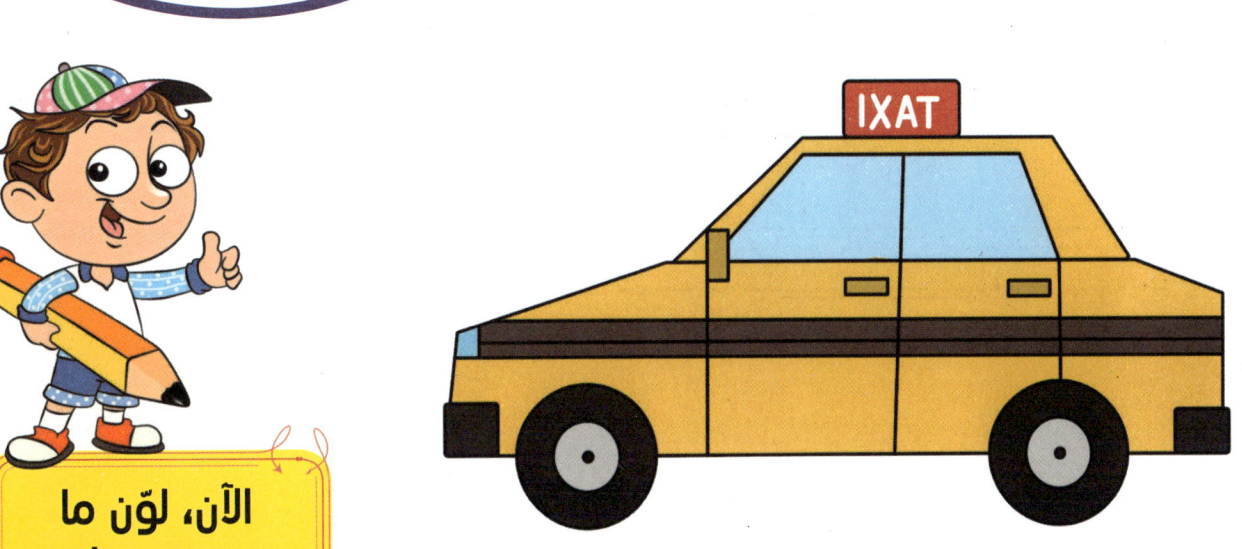

الشاحنة

الخطوة 1 2 3 4

تمَّ اختراع الشاحنات عام 1769 لنقل البضائع. تزامن تطوُّرها مع تطوير السيَّارات.

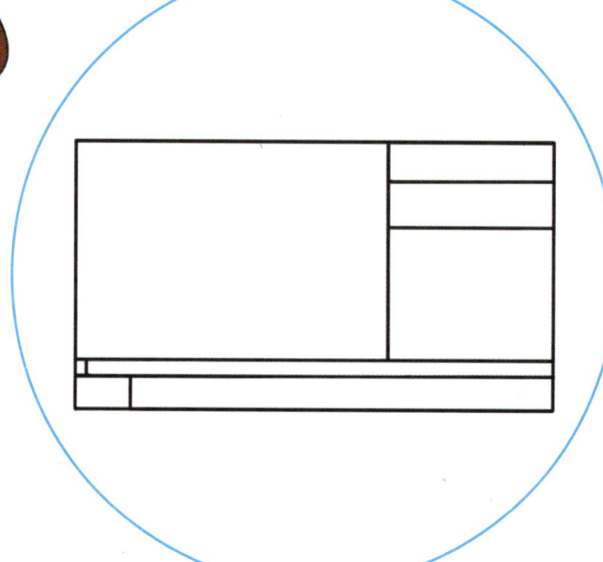

① ارسم مستطيلًا كبيرًا، وأضف التفاصيل الموضحة في الرسم.

② ارسم دائرتين للعجلتين. وفي الجزء العلوي من النصف الأيسر لجسم الشاحنة، ارسم مقصورة السائق من خلال رسم مستطيل أصغر على أن يكون الطرف الأيسر منه مائلًا.

❸ ارسم باقي التفاصيل المطلوبة للباب الأمامي والنافذة والعجلات وجسم العربة. ثم امحُ الخطوط غير الضرورية.

❹ أضف مزيدًا من التفاصيل من خلال رسم العجلتين ومقبض الباب والمصدِّ.

الآن، لوّن ما رسمته بعناية.

السَّيَّارة الجيب

الخطوة 1 2 3 4

كانت تستخدم لأغراض عسكرية فقط. سمَّاها بوباي، الشخصية الكرتونية الشهيرة، "جيب"، وظلَّ الاسم مستخدمًا لليوم.

1 ارسم مستطيلًا ودائرتين وخطوطًا لإطار السيَّارة الجيب كما هو موضح.

2 أضف نصفي دائرة لتحديد العجلتين، ثم ارسم الشكل الأمامي للسيَّارة الجيب والجزء الخلفي منها.

③ أكمل رسم تفاصيل عجلة القيادة والعجلات، وأضف باقي تفاصيل جسم السيّارة والمقعد والجزء الجانبي. ثم امحُ الخطوط غير الضرورية.

④ أضف مزيدًا من التفاصيل للباب والعجلتين لإكمال رسمتك.

الآن، لوّن ما رسمته بعناية.

27

مترو الأنفاق

الخطوة ① ② ③ ④

هو قطار يسير تحت الأرض في المدن الكبرى. ظهر أوّل مترو في لندن، وكان يتحرَّك بقوَّة البخار. أُطلق عليه اسم "مترو لندن"، وذلك عام 1860.

① ارسم مربَّعًا ومستطيلًا وخطوطًا لرسم الشكل الأساسي كما في الشكل التوضيحي.

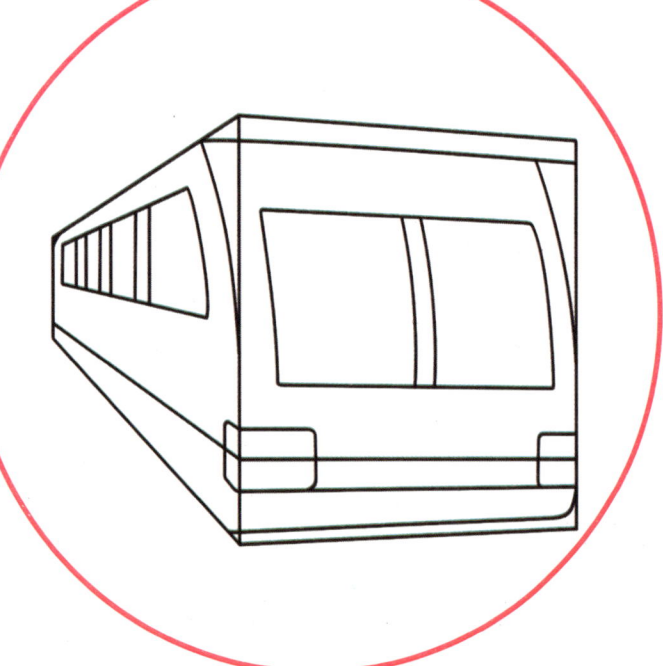

② ارسم خطوطًا منحنية الأطراف في الجزء الأمامي من القطار وجهة اليمين لتحديد النوافذ.

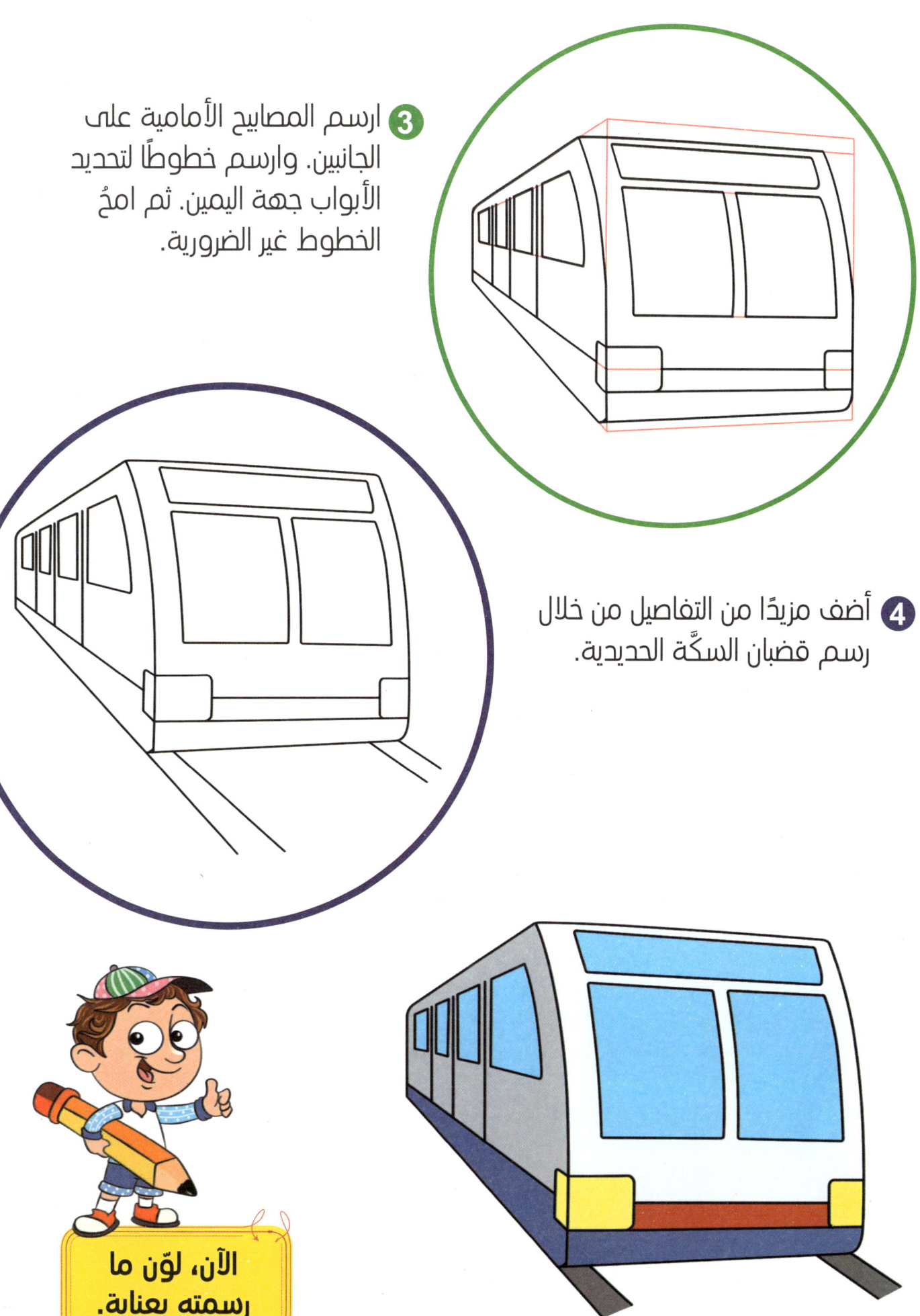

❸ ارسم المصابيح الأمامية على الجانبين. وارسم خطوطًا لتحديد الأبواب جهة اليمين. ثم امحُ الخطوط غير الضرورية.

❹ أضف مزيدًا من التفاصيل من خلال رسم قضبان السكَّة الحديدية.

الآن، لوّن ما رسمته بعناية.

التليفريك

الخطوة 1 2 3 4

هو أحد أنواع العربات المتحرّكة بسرعة ثابتة معلَّقة بكبلات من دون محرِّك. استُخدم لأول مرة في سان فرانسيسكو عام 1873.

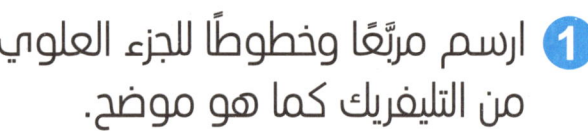

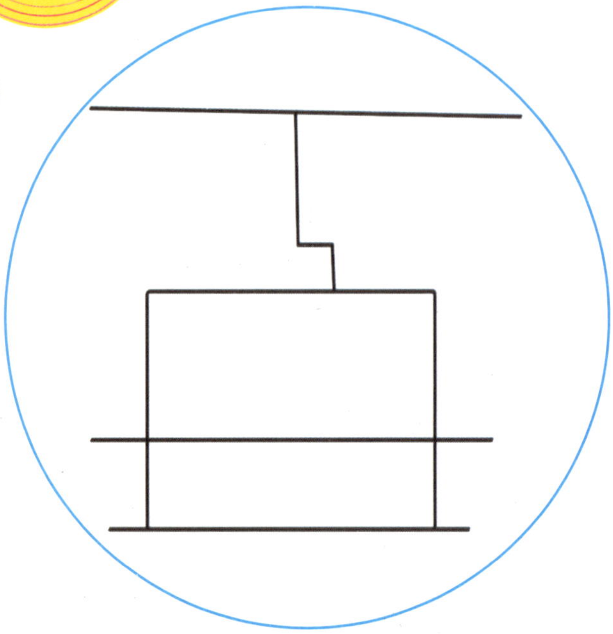

① ارسم مربَّعًا وخطوطًا للجزء العلوي من التليفريك كما هو موضح.

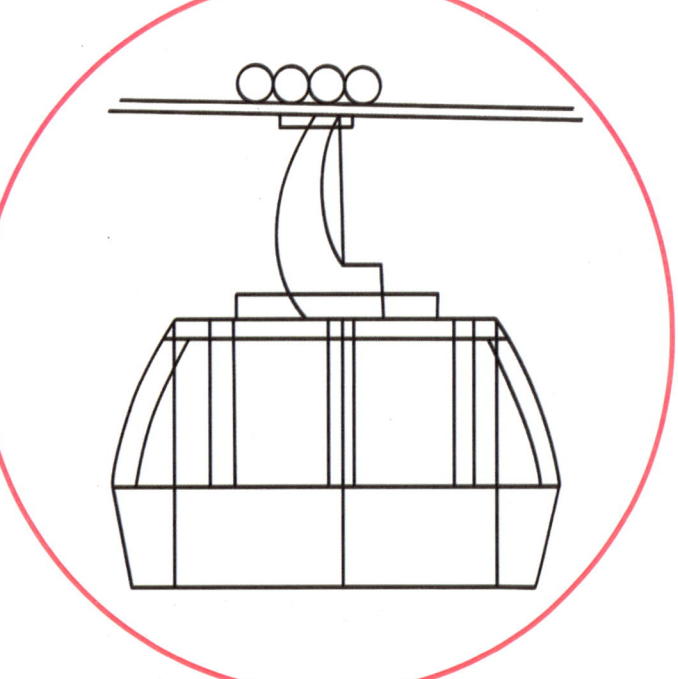

② أضف خطوطًا مستقيمة ومنحنية للنوافذ والكبلات.

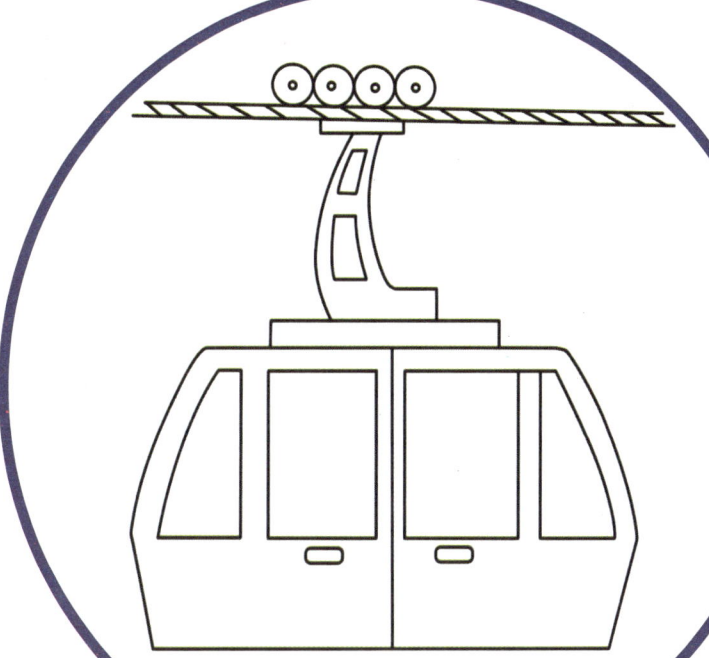

③ ارسم باقي تفاصيل النوافذ والعجلات. وارسم خطًّا يمرُّ بمنتصف الباب. ثم امحُ الخطوط غير الضرورية.

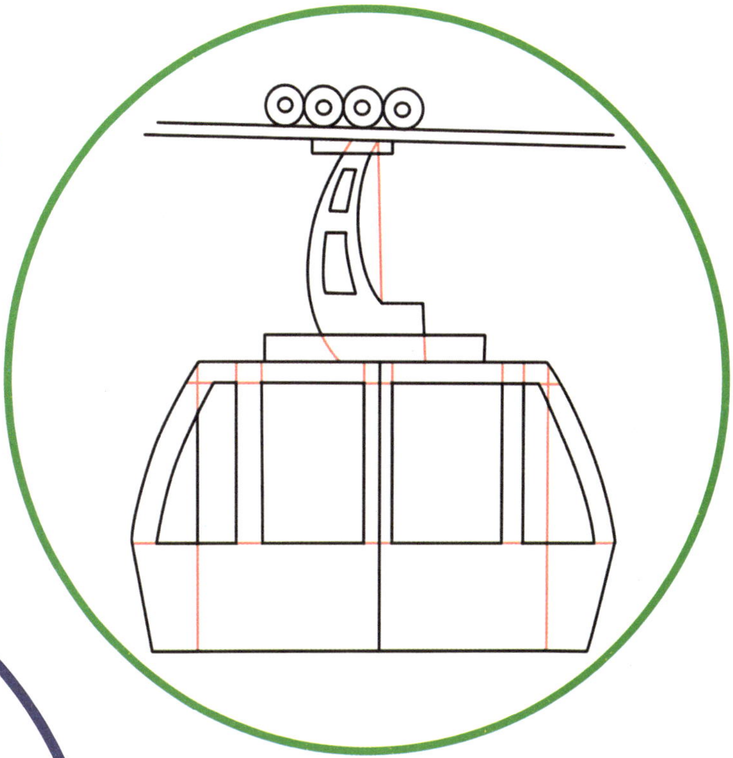

④ أضف مزيدًا من التفاصيل للباب والنوافذ والكبل.

الآن، لوّن ما رسمته بعناية.

اختبار حول وسائل النقل

الخطوة 1 2 3 4

1. ما المركبة التي تسير من دون محرِّك؟

2. ما هي وسيلة النقل البرِّية للبضائع؟

3. ما هي وسيلة النقل التي عُرفت باسم "حصان الداندي"؟

4. ما وسيلة النقل التي تملك مراوح قويَّة؟

5. من اخترع أوَّل سيارة؟

6. ما هي وسيلة النقل التي كانت مخصَّصة للأمور العسكرية فقط؟

7. ما أول وسيلة نقل بحرية في العالم؟

8. ما جنسية الأخوين رايت اللذين اخترعا الطائرة؟

9. ما أوَّل وسيلة نقل جوِّية؟

10. ما أوَّل شكل من أشكال التاكسي؟

11. ما كان اسم أوَّل مترو أنفاق في العالم؟

12. ما اسم وسيلة التنقُّل فوق الجليد؟

13. ما وسيلة النقل التي تمشي على البخار؟

14. ما وسيلة النقل التي تطوَّرت مع تطوُّر السيَّارة؟

15. ما وسيلة التنقُّل في أعماق البحار والمحيطات؟